BEI GRIN MACHT SICH IHR WISSEN BEZAHLT

AF146200

- Wir veröffentlichen Ihre Hausarbeit,
  Bachelor- und Masterarbeit

- Ihr eigenes eBook und Buch -
  weltweit in allen wichtigen Shops

- Verdienen Sie an jedem Verkauf

Jetzt bei www.GRIN.com hochladen und kostenlos publizieren

GRIN

Bibliografische Information der Deutschen Nationalbibliothek:

Die Deutsche Bibliothek verzeichnet diese Publikation in der Deutschen National-
bibliografie; detaillierte bibliografische Daten sind im Internet über http://dnb.d-
nb.de/ abrufbar.

Impressum:

Copyright © 2017 GRIN Verlag
Druck und Bindung: Books on Demand GmbH, Norderstedt Germany
ISBN: 9783668622500

Dieses Buch bei GRIN:

https://www.grin.com/document/383548

Simon Winzer

Skript zu Grundlagen der Rentenberechnung in der gesetzlichen Rentenversicherung

Mit Übungs- und Beispielaufgaben zur Rentenberechnung

GRIN Verlag

GRIN - Your knowledge has value

Der GRIN Verlag publiziert seit 1998 wissenschaftliche Arbeiten von Studenten, Hochschullehrern und anderen Akademikern als eBook und gedrucktes Buch. Die Verlagswebsite www.grin.com ist die ideale Plattform zur Veröffentlichung von Hausarbeiten, Abschlussarbeiten, wissenschaftlichen Aufsätzen, Dissertationen und Fachbüchern.

Besuchen Sie uns im Internet:

http://www.grin.com/

http://www.facebook.com/grincom

http://www.twitter.com/grin_com

GRUNDLAGEN DER RENTENBERECHNUNG IN DER GESETZLICHEN RENTENVERSICHERUNG

Simon Winzer

<u>Vorwort</u>

Bei diesem Skript handelt es sich um die Grundlagen der Rentenberechnung in der gesetzlichen Rentenversicherung. Es ist lediglich eine Einführung in die Berechnung von gesetzlichen Renten und zeichnet den Regelfall eines Versicherten in den alten Bundesländern ohne das Beitrittsgebiet ab. Es soll helfen, die Rentenberechnung zu verstehen, ohne zu tiefgründig zu sein. Daraus folgt, dass das Übergangsrecht hier nur gelegentlich Erwähnung findet.

Am Ende des Skriptes befinden sich Beispielaufgaben mit Lösungen, damit Sie die Berechnungsgrundsätze nachvollziehen können.

Stand der Gesetze ist Oktober 2017. In der Zukunft geplante Gesetzesänderungen sind somit nicht berücksichtigt.

Düsseldorf im Dezember 2017

Inhaltsverzeichnis

1. Die Rentenformel

Rechtsgrundlage: **§ 64 SGB VI**

Für die Berechnung der Monatsrente sind die unter Berücksichtigung des Zugangsfaktors ermittelten **persönlichen Entgeltpunkte** mit dem **Rentenartfaktor** und dem **aktuellen Rentenwert** bei Rentenbeginn miteinander zu multiplizieren.

Formel für die Höhe der monatlichen Rente:

Die Ermittlung dieser Werte ergibt sich aus den §§ 66, 67 und 68 SGB VI.

2. Ermittlung von persönlichen Entgeltpunkten

Rechtsgrundlage: **§ 66 SGB VI**

Die persönlichen Entgeltpunkte ergeben sich, indem die **Summe aller Entgeltpunkte** für

1. *Beitragszeiten,*
2. *beitragsfreie Zeiten,*
3. *Zuschläge für beitragsgeminderte Zeiten,*
4. *Zu- oder Abschläge aus einem durchgeführten Versorgungsausgleich oder Rentensplitting,*
5. *Zuschläge aus Zahlung von Beiträgen bei vorzeitiger Inanspruchnahme einer Rente wegen Alters oder bei Abfindungen von Anwartschaften auf betriebliche Altersversorgung oder von Anrechten bei der Versorgungsausgleichskasse,*
6. *Zuschlägen an Entgeltpunkten für Arbeitsentgelt aus geringfügiger Beschäftigung,*
7. *Arbeitsentgelt aus nach § 23b Abs. 2 Satz 1 bis 4 des Vierten Buches aufgelösten Wertguthaben,*
8. *Zuschläge an Entgeltpunkten aus Beiträgen nach Beginn einer Rente wegen Alters,*
9. *Zuschläge an Entgeltpunkten für Zeiten einer besonderen Auslandsverwendung und*
10. *Zuschläge an Entgeltpunkten für nachversicherte Soldaten auf Zeit*

mit dem **Zugangsfaktor** multipliziert und bei Witwen- und Witwerrenten sowie bei Waisenrenten um einen **Zuschlag** erhöht werden.

Bei den Zuschlägen bei Witwen- und Witwerrenten (**§ 78a SGB VI**) sowie bei Waisenrenten (**§ 78 SGB VI**) handelt es sich bereits um persönliche Entgeltpunkte, sodass diese nicht gesondert mit dem Zugangsfaktor zu multiplizieren sind.

Bei einer **Vollwaisenrente** gibt es die Besonderheit, dass hier **persönliche Entgeltpunkte** aus **zwei Versicherungskonten** für die Ermittlung der Monatsrente herangezogen werden. Hier erhalten die Vollwaisen die persönlichen Entgeltpunkte von den beiden Verstorbenen mit den **höchsten persönlichen Entgeltpunkten**.

Die nachfolgenden Seiten befassen sich insbesondere mit den **Ziffern 1 bis 6**.

2 a) Ermittlung von Entgeltpunkten...

Die folgenden Seiten behandeln die **Ermittlung von Entgeltpunkten**. Diese sind Grundlage für die Ermittlung der späteren Rentenhöhe. Je **mehr** Entgeltpunkte im Versicherungsleben erworben wurden, desto **höher** ist die spätere Rente.

2 a i) ...aus Beitragszeiten

Rechtsgrundlage: **§ 70 Abs. 1 SGB VI**

In der gesetzlichen Rentenversicherung gilt das sogenannte **Äquivalenzprinzip**. Das bedeutet, dass die spätere Rentenhöhe maßgeblich von der Höhe der Einzahlungen abhängt. Um diesem Grundsatz Rechnung zu tragen ermitteln sich Entgeltpunkte aus Beitragszeiten, indem die **Beitragsbemessungsgrundlage** (in der Regel der Verdienst) durch das **Durchschnittsentgelt** (Anlage 1 zum SGB VI) für dasselbe Kalenderjahr geteilt wird. Für das Kalenderjahr des Rentenbeginns und das davorliegende Kalenderjahr ist als Divisor das **vorläufige Durchschnittsentgelt** zu verwenden.

Beispiel:

*Ein Versicherter hat in 2010 **30.589,- Euro** verdient. Das Durchschnittsentgelt in 2010 betrug **31.144,- Euro**.*

Lösung: Der Versicherte hat 0,9822 Entgeltpunkte (30.589 : 31.144) in 2010 erworben.

Zu beachten ist die **Beitragsbemessungsgrenze** (Anlage 2b zum SGB VI). Überschreiten die Entgeltpunkte für ein Jahr diesen Wert, sind sie auf diesen zu begrenzen. Bei Beschäftigungen, die kein ganzes Jahr umfassen, ist die Beitragsbemessungsgrenze **anteilig** zu betrachten.

§ 70 Abs. 1 SGB VI gilt auch für **geringfügige Beschäftigungen**, für die **Versicherungspflicht** besteht. Bei geringfügigen Beschäftigungen mit **Versicherungsfreiheit** findet hingegen § 76b SGB VI Anwendung (siehe Abschnitt 2 a viii) des Skriptes).

2 a ii) …aus Kindererziehungszeiten

Rechtsgrundlage: § 70 Abs. 2 SGB VI

Die Bewertung der **Kindererziehungszeiten** ist unkomplizierter. Hier erhält jeder **Kalendermonat** mit einer Kindererziehungszeit pauschal **0,0833 Entgeltpunkte**. Hierfür reicht es aus, wenn nur **ein Tag eines Monats** mit einer Kindererziehungszeit belegt ist.

Es ist **unschädlich**, wenn ein Versicherter neben einer Kindererziehungszeit parallel versicherungspflichtig beschäftigt war. Die Entgeltpunkte nach § 70 Abs. 1 und 2 SGB VI werden **additiv** berücksichtigt. Jedoch ist hier ebenfalls die **Beitragsbemessungsgrenze** zu beachten. Wird die Beitragsbemessungsgrenze überschritten, sind die Entgeltpunkte für Kindererziehungszeiten **zu kürzen**, da die Entgeltpunkte aus Beitragszeiten gemäß Artikel 14 Grundgesetz **eigentumsgeschützt** sind.

2 a iii) …aus Kinderberücksichtigungszeiten

Rechtsgrundlage: § 70 Abs. 3a SGB VI

Grundsätzlich werden Kinderberücksichtigungszeiten für die spätere Rentenhöhe **nicht bewertet**, sondern nur auf **die Wartezeit** angerechnet. Eine Ausnahme gibt es jedoch, wenn Kinderberücksichtigungszeiten **ab dem 1. Januar 1992** vorhanden sind und der Versicherte bei Rentenfeststellung **25 Jahre mit rentenrechtlichen Zeiten** zurückgelegt hat. Daneben muss entweder neben einer **Kinderberücksichtigungszeit eine versicherungspflichtige Beschäftigung** (Variante a) ausgeübt worden sein oder es müssen Kinderberücksichtigungszeiten für **zwei Kinder parallel** (Variante b) vorliegen.

Bei Variante a) erhält der Versicherte **die Hälfte** der aus der versicherungspflichtigen Beschäftigung erwirtschafteten Entgeltpunkte, **maximal aber 0,0278 Entgeltpunkte pro Kalendermonat** als Bonus. Bei Variante b) erhält er die **vollen 0,0278 Entgeltpunkte**. In Fällen, in denen beide Varianten zutreffen, sind Entgeltpunkte sowohl nach Variante a) als auch nach Variante b) zu ermitteln, wobei hier zusammen **maximal 0,0278 Entgeltpunkte** pro Monat berücksichtigt werden können. Hier ist bei b) dann der Bonus aus a) abzuziehen.

Zu beachten ist, dass die Entgeltpunkte nach § 70 Abs. 3a SGB VI nur bis zu **einer Grenze von 0,0833 Entgeltpunkten** pro Monat berücksichtigt werden.

2 a iv) ...aus beitragsfreien Zeiten

Rechtsgrundlage: §§ 71, 72, 73, 74, 263 SGB VI

Auch aus beitragsfreien Zeiten werden Entgeltpunkte ermittelt. Diese erhalten in der Regel den sogenannten **Gesamtleistungswert**. Das ist vereinfacht ausgedrückt der Durchschnittswert an Entgeltpunkten für einen Monat, die der Versicherte in seiner gesamten Erwerbsbiografie erworben hat. Für die Ermittlung des Gesamtleistungswertes ist zunächst eine **sogenannte Grundbewertung (§ 72 SGB VI)** durchzuführen, anschließend findet eine **sogenannte Vergleichsbewertung (§ 73 SGB VI)**. Der sich hieraus höher ergebende Wert ist der Gesamtleistungswert.

Zuerst ist immer die sogenannte Grundbewertung durchzuführen. Hierbei ist ein (in der Regel fiktiver) **Wert an Entgeltpunkten** durch die **Anzahl der belegungsfähigen Monate** zu dividieren. Bei dem belegungsfähigen Gesamtzeitraum handelt es sich um die Zeit **vom vollendeten 17. Lebensjahr** des Versicherten bis zum Kalendermonat vor **Beginn der zu berechnenden Rente bei einer Rente wegen Alters**, zum **Eintritt der maßgebenden Minderung der Erwerbsfähigkeit** bzw. **bis zum Tod** des Versicherten bei einer Hinterbliebenenrente. Liegen **vor Vollendung** des 17. Lebensjahres bereits rentenrechtliche Zeiten, so ist der belegungsfähige Gesamtzeitraum **entsprechend zu verlängern**. **Nicht belegungsfähig** sind hingegen Monate, in denen **beitragsfreie Zeiten** liegen, die nicht auch Berücksichtigungszeiten sind und Zeiten, in denen **eine Rente aus eigener Versicherung bezogen** wurde und die nicht auch Beitragszeiten oder Berücksichtigungszeiten sind. Die hier ermittelten Monate sind entsprechend vom belegungsfähigen Gesamtzeitraum **abzuziehen**.

Die Summe der Entgeltpunkte ergibt sich, indem zunächst die **tatsächlichen Entgeltpunkte** des Versicherten zugrunde gelegt werden. Des Weiteren erhält **jeder Monat** mit einer Berücksichtigungszeit **0,0833 Entgeltpunkte**. Diese Regelung gilt jedoch nicht dann, wenn **parallel Kindererziehungszeiten liegen**. Liegen neben den Berücksichtigungs- gleichzeitig Pflichtbeitrags- oder Beitragszeiten vor, so findet die **Bewertung** der Berücksichtigungszeiten **additiv**, jedoch nur bis zu Beitragsbemessungsgrenze statt. Von den hier ermittelten Entgeltpunkten sind jedoch noch die **Entgeltpunkte abzuziehen**, die nach **§ 70 Absatz 3a SGB VI** ermittelt wurden.

Des Weiteren werden **Zeiten der beruflichen Ausbildung** mit mindestens **0,0833 Entgeltpunkten** pro Monat bewertet. Mindestens bedeutet hier, dass diese Zeiten **nicht additiv bewertet** werden. Von den 0,0833 Entgeltpunkten, die pro Monat der Berufsausbildung berücksichtigt werden, sind deshalb noch die **tatsächlichen Entgeltpunkte abzuziehen**. Hierbei ist unerheblich, wie viele Monate an tatsächlicher Berufsausbildung berücksichtigt wurden.

Hat ein Versicherter zu Beginn seiner Erwerbsbiografie **keine Berufsausbildung absolviert**, gelten bis zur Vollendung seines 25. Lebensjahres die **ersten 36 Kalendermonate mit Pflichtbeitragszeiten** als Zeiten einer beruflichen Ausbildung – selbst dann, wenn der Versicherte **später** eine **tatsächliche Berufsausbildung absolviert**.

Bei der Vergleichsbewertung ist ebenfalls die Summe der Entgeltpunkte durch die belegungsfähigen Kalendermonate zu teilen. Jedoch werden hier Kalendermonate mit **beitragsgeminderten Zeiten, Berücksichtigungszeiten, die auch beitragsfreie Zeiten** sind und **Beitragszeiten oder Berücksichtigungszeiten**, in denen eine **Rente aus eigener Versicherung bezogen** wurde, sowohl von den Entgeltpunkten als auch von den belegungsfähigen Monaten abgezogen.

Zusätzlich gibt es bei **Renten wegen verminderter Erwerbsfähigkeit** eine Ausnahme. Hier werden die **letzten vier Jahre bis zum Eintritt** der maßgebenden Minderung der Erwerbsfähigkeit in der Vergleichsbewertung **nicht berücksichtigt**, wenn sich durch die Nichtberücksichtigung ein höherer Wert ergibt. Demnach ist bei Renten wegen verminderter Erwerbsfähigkeit immer eine Vergleichsberechnung der Vergleichsbewertung zu tätigen.

Beitragsfreie Zeiten können **Anrechnungszeiten, Zurechnungszeiten** und **Ersatzzeiten** sein. Diese Zeiten werden jedoch völlig **unterschiedlich** bewertet. Demnach erhalten Ersatzzeiten, Zurechnungszeiten und Anrechnungszeiten wegen Mutterschutzes grundsätzlich **den vollen Gesamtleistungswert**, unabhängig davon, ob ein gesamter Kalendermonat mit diesen Zeiten belegt ist oder nicht. Das ergibt sich aus **§ 71 Abs. 1 SGB VI**, auch wenn diese Vorschrift diese beitragsfreien Zeiten nicht explizit nennt.

Lediglich mit **80 % des Gesamtleistungswertes** werden Anrechnungszeiten wegen **Arbeitslosigkeit** und **Krankheit** bewertet. Das ergibt sich aus **§ 263 Abs. 2a SGB VI** und gilt **nicht** für Anrechnungszeiten wegen des Bezuges von Arbeitslosengeld II (**§ 74 Satz 4 SGB VI**).

Anrechnungszeiten wegen des Besuches einer **Fachschule** oder einer **berufsvorbereitenden Bildungsmaßnahme** sowie Zeiten der **tatsächlichen Berufsausbildung** werden mit **75 % des Gesamtleistungswertes**, maximal aber **0,0625 Entgeltpunkten** pro Monat und höchstens für **drei Jahre bewertet**. Zeiten der Fachschule und berufsvorbereitenden Bildungsmaßnahme sind **vorranging** der Berufsausbildung zu bewerten. Das ergibt sich aus **§ 74 SGB VI**. Anrechnungszeiten wegen eines Schul- oder Hochschulbesuches werden nicht bewertet. Das war bis Rentenbeginn Dezember 2008 anders (siehe hierzu **§ 263 Abs. 3 SGB VI**).

2 a v) ...aus Zuschlägen für beitragsgeminderte Zeiten

Rechtsgrundlage: §§ 71, 74, 263 SGB VI

Beitragsgeminderte Zeiten sind Zeiten, in denen in einem Kalendermonat sowohl eine (Pflicht-)Beitragszeit als auch eine **beitragsfreie Zeit** vorliegt.

Beitragsgeminderte Zeiten sind im Grunde genommen **genauso zu bewerten** wie beitragsfreie Zeiten. Insoweit wird auf Abschnitt 2 a iv) verwiesen. Jedoch sind von diesen Werten noch die Entgeltpunkte **abzuziehen**, die die Beitragszeiten erhalten haben. Ergibt sich daraus ein **positiver Wert**, so ist das der Zuschlag für die beitragsgeminderten Zeiten. Ist das Ergebnis hingegen **negativ oder 0**, ergibt sich kein Zuschlag.

Die Bewertung der beitragsgeminderten Zeiten ist in **drei verschiedenen Gruppen** vorzunehmen. Dabei ist für jede Gruppe einzeln die im zweiten Abschnitt beschriebene Berechnung durchzuführen. Hierbei ist wichtig, dass **jede Gruppe einzeln** betrachtet wird. Kommt in einer Gruppe beispielsweise ein negativer Wert heraus, so **mindert das nicht** den Zuschlag der anderen beiden Gruppen.

Es werden die folgenden drei Gruppen unterschieden:

- beitragsgeminderte Zeiten, die den vollen Gesamtleistungswert erhalten
- beitragsgeminderte Zeiten, die 80 % des Gesamtleistungswertes erhalten
- beitragsgeminderte Zeiten, die 75 % des Gesamtleistungswertes erhalten

Ist im Rahmen einer **Besitzschutzprüfung** eine Rente mit Rentenbeginn zwischen **Februar 2005** und **Dezember 2008** zu berechnen, besteht zudem **eine vierte Gruppe** mit dem **entsprechenden Prozentsatz** aus der Tabelle zu **§ 263 Abs. 3 SGB VI**.

2 a vi) ...aus Zu- oder Abschlägen bei einem durchgeführten Versorgungsausgleich

Rechtsgrundlage: § 76 SGB VI

Ein Zu- oder Abschlag an Entgeltpunkten aus einem **Versorgungsausgleich** wird ebenfalls bei der Berechnung der Rente berücksichtigt. Bei einer **internen Teilung** ist dies recht einfach. Hier ist lediglich der **Monatsbetrag** der entsprechenden Rentenanwartschaft durch den **aktuellen Rentenwert** zum Zeitpunkt des **Endes der Ehezeit** zu teilen, um einen Wert an Entgeltpunkten zu erhalten. Oft ist jedoch schon direkt ein Wert an Entgeltpunkten im Beschluss des Familiengerichtes vorgegeben.

Komplizierter wird das Prozedere bei einer **externen Teilung**, bei der die gesetzliche Rentenversicherung **Zielversorgungsträger** ist. Hierbei ist der vom Gericht festgelegte **Kapitalbetrag** mit einem jährlich von der Bundesregierung festgelegten **Umrechnungsfaktor** zum Ende der Ehezeit zu multiplizieren, um einen Wert an Entgeltpunkten zu erhalten. Werden mehrere Kapitalbeträge von verschiedenen Versorgungsträgern übertragen, sind diese **vor der Multiplikation** zu addieren.

In bestimmten **Ausnahmefällen** ist bei der externen Teilung jedoch **nicht der Umrechnungsfaktor** zum Ende der Ehezeit zu verwenden. Das ist zum Beispiel bei Ehescheidungen der Fall, in denen das Verfahren über den Versorgungsausgleich **ausgesetzt** wird. Hier ist dann der Umrechnungsfaktor zum **Zeitpunkt der Wiederaufnahme** des Verfahrens zu verwenden.

2 a vii) ...aus Zuschlägen aus Zahlung von Beiträgen bei vorzeitiger Inanspruchnahme einer Rente wegen Alters

Rechtsgrundlage: § 76a Abs. 1 SGB VI

Das Verfahren für die Ermittlung von Entgeltpunkten **bei einer Ausgleichszahlung** von Beiträgen bei vorzeitiger Inanspruchnahme einer Rente wegen Alters ist dem bei einer externen Teilung beim Versorgungsausgleich **ähnlich**. Der **eingezahlte Kapitalbetrag** ist hier lediglich mit dem zum **Zeitpunkt der Zahlung** maßgebenden Umrechnungsfaktor zu multiplizieren, um einen Wert an Entgeltpunkten zu erhalten.

2 a viii) ...aus Zuschlägen von Entgeltpunkten für Arbeitsentgelt aus geringfügiger Beschäftigung

Rechtsgrundlage: § 76b SGB VI

Ein Zuschlag an Entgeltpunkten für Arbeitsentgelt aus **geringfügiger Beschäftigung** errechnet sich, indem das Entgelt aus der geringfügigen Beschäftigung **anlog** zu § 70 Abs. 1 SGB VI durch das **Durchschnittsentgelt** aus Anlage 1 geteilt wird. Im Kalenderjahr des Rentenbeginns und das vorangegangene Kalenderjahr ist hier ebenfalls das **vorläufige Durchschnittsentgelt** zu verwenden.

Anschließend ist der ermittelte Wert an Entgeltpunkten mit **dem Verhältnis** zu multiplizieren, das dem **vom Arbeitgeber gezahlten Beitragssatz** und dem **allgemeinen Beitragssatz** entspricht. Bei einer geringfügigen Beschäftigung in einem Privathaushalt beträgt dieser Beitragssatz 5 % (**§ 168 Abs. 1 Nr. 1c SGB VI**), bei Firmen 15 % (**§ 168 Abs. 1 Nr. 1b SGB VI**).

Beispiel:

Ein Versicherter hat in 2015 **1.450,- Euro** *aus einer geringfügigen Beschäftigung in einem Privathaushalt mit Versicherungsfreiheit verdient. Das Durchschnittsentgelt in 2015 betrug* **35.363,- Euro**. *Der allgemeine Beitragssatz zur gesetzlichen Rentenversicherung betrug in 2015* **18,7 %**.

Lösung:

Der Versicherte hat 0,0120 Entgeltpunkte in 2015 erworben:
1.450,- € : 35.363,- € = 0,0410 EP
(0,0410 EP x 5 %) : 18,7 % = 0,0120 EP

Zu beachten ist, dass § 76b SGB VI nur Anwendung findet, wenn für die geringfügige Beschäftigung **Versicherungsfreiheit** besteht. Besteht hingegen **Versicherungspflicht**, sind die Entgeltpunkte nach **§ 70 Abs. 1 SGB VI** zu ermitteln.

2 b) Zugangsfaktor...

Rechtsgrundlage: § 77 SGB VI

Die folgenden Seiten behandeln die **Bestimmung des Zugangsfaktors**, damit aus den im vorherigen Schritt **ermittelten Entgeltpunkten** die **Berechnung der persönlichen Entgeltpunkte** möglich ist.

2 b i) ...bei Altersrenten

Rechtsgrundlage: § 77 Abs. 2 Satz 1 Nr. 1 und 2 SGB VI

Dieses Skript beschäftigt sich ausschließlich mit der Regelaltersrente, der Altersrente für besonders langjährig Versicherte, der Altersrente für langjährig Versicherte sowie der Altersrente für schwerbehinderte Menschen. Auf die **knappschaftlichen Rentenarten** und die **Altersrente wegen Arbeitslosigkeit oder nach Altersteilzeitarbeit** bzw. der **Altersrente für Frauen** wird hingegen nicht eingegangen. Zwar können Personen, die vor dem 1. Januar 1952 geboren sind, diese Renten noch beziehen, jedoch haben diese Personenkreise spätestens am 31. Mai 2017 die **Regelaltersgrenze vollendet**, sodass der Zugangsfaktor und auch die Rentenhöhe bei allen beantragten Rentenarten **identisch** wären.

Bei Renten wegen Alters, die mit **dem Folgemonat nach Vollendung der Regelaltersgrenze** in Anspruch genommen werden, beträgt der Zugangsfaktor **immer 1,0**. Beim **Geburtsjahrgang 1952** liegt diese Grenze bei zurzeit **65 Jahren und 6 Monaten** und steigt bis zum Geburtsjahrgang 1964 sukzessive an. Ab diesem Geburtsjahr (Rentenbeginn in 2031) liegt diese Grenze dauerhaft bei **67 Jahren**. Wird eine Rente beantragt, deren **maßgebliche Altersgrenze geringer** ist als bei der Regelaltersrente (beispielsweise bei der Altersrente für besonders langjährig Versicherte oder der Altersrente für schwerbehinderte Menschen), so ist dieses Alter maßgebend.

Bei Vorliegen von **speziellen Wartezeiten** ist es aber auch möglich, eine Rente wegen Alters **vor dem Erreichen der o. g. Altersgrenzen** in Anspruch zu nehmen. Das geht bei allen Altersrenten außer der Regelaltersrente und der Altersrente für besonders langjährig Versicherte. Ist die Altersgrenze bei einer solchen Rente **bei Rentenbeginn unterschritten**, so **vermindert** sich der Zugangsfaktor um jeden Monat, den die Rente vorzeitig in Anspruch genommen wird, **um 0,003**. Bei der **Altersrente für langjährig Versicherte** ist die Inanspruchnahme ab Beginn des Monats möglich, der dem Monat folgt, in dem der Versicherte das **63. Lebensjahr** vollendet. Entscheidet sich dieser für einen vorzeitigen Bezug, so **verringert** sich der Zugangsfaktor ab dem **Monat des Rentenbeginns** bis zu dem **Ende des Monats**, in dem der Versicherte die Regelaltersgrenze erreicht. Bei der **Altersrente für schwerbehinderte Menschen** gibt es Sonderregelungen. Für den Geburtsjahrgang 1964 ist eine Inanspruchnahme ab dem Folgemonat der Vollendung des **62. Lebensjahres** möglich. Der Zugangsfaktor vermindert sich hier bereits mit dem Ende des Monats nicht mehr, in dem der Versicherte das **65. Lebensjahr vollendet**. Für die **vorherigen Geburtsjahrgänge** gelten hier wie bei der Regelaltersgrenze frühere Altersgrenzen.

Der Zugangsfaktor kann hingegen auch **steigen**, wenn eine Rente wegen Alters **nicht mit dem Folgemonat nach der Vollendung der Regelaltersgrenze** in Anspruch genommen wird. In diesen Fällen **erhöht** sich der Zugangsfaktor für jeden Kalendermonat **um 0,005**, in dem eine Rente nicht beansprucht wurde. Hier ist zu beachten, dass **einzig und alleine auf die Regelaltersgrenze** abgestellt wird. Das bedeutet beispielsweise, dass ein Versicherter des **Geburtsjahrganges 1964**, der eine Altersrente für schwerbehinderte Menschen mit Ablauf des Monats der Vollendung des 66. Lebensjahres bezieht, einen **Zugangsfaktor von 1,0** hat – selbst dann, wenn die Altersgrenze bei der Altersrente für schwerbehinderte Menschen bei **65 Jahren** liegt.

2 b ii) ...bei Erwerbsminderungs- und Erziehungsrenten

Rechtsgrundlage: **§§ 77 Abs. 2 Satz 1 Nr. 3, Satz 2 und 3 SGB VI, Absatz 4, 264d SGB VI**

Bei Erwerbsminderungs- und Erziehungsrenten **vermindert sich der Zugangsfaktor** für jeden Kalendermonat, den eine solche Rente **vor Ablauf des Kalendermonats der Vollendung des 65. Lebensjahres** in Anspruch genommen wird, **um 0,003**. Damit diese Regelung nicht zu Härtefällen bei Versicherten führt, deren Erwerbsminderungs- oder Erziehungsrente schon in jungen Jahren beginnt, ist bei einem Rentenbeginn **vor Vollendung des 62. Lebensjahres** für die Bestimmung des Zugangsfaktors die Vollendung des 62. Lebensjahres maßgebend. Der Rentenbezug für die Zeit vor der Vollendung des 62. Lebensjahres gilt hierbei **nicht als vorzeitige Inanspruchnahme** der Rente.

Hat ein Versicherter bei Beginn einer Erwerbsminderungsrente (das gilt ausdrücklich nicht bei Erziehungsrenten) **40 Jahre mit rentenrechtlichen Zeiten** nach §§ 51 Abs. 3a und 4, 52 Abs. 2 SGB VI zurückgelegt, so **treten anstelle** der Vollendung des 65. Lebensjahres die Vollendung des 63. Lebensjahres und anstelle der Vollendung des 62. Lebensjahres die Vollendung des 60. Lebensjahres.

Jedoch gelten die oben genannten Regelungen erst ab einem **Rentenbeginn im Jahr 2024**. Davor findet die Übergangsvorschrift des **§ 264d SGB VI** Anwendung. Bis zum Jahr 2024 treten an die Stelle der Vollendung des 65. und des 62. Lebensjahres **niedrigere Altersgrenzen**, die sich sukzessive bis zu diesem Stichtag erhöhen. Außerdem brauchen Versicherte hier nur **35 Jahre mit rentenrechtlichen Zeiten** nach §§ 51 Abs. 3a und 4, 52 Abs. 2 SGB VI zurückgelegt haben, damit die Vollendung des 63. und des 60. Lebensjahres maßgebend sind.

2 b iii) ...bei Hinterbliebenenrenten

Rechtsgrundlage: **§§ 77 Abs. 2 Satz 1 Nr. 4, Satz 2 und 3 SGB VI, Absatz 4, 264d SGB VI**

Bei Hinterbliebenenrenten (Witwen- und Witwerrenten sowie Waisenrenten) gelten **dieselben Regelungen** wie bei Renten wegen Erwerbsminderung mit der Ausnahme, dass bei der Ermittlung des Zugangsfaktors nicht mehr auf den Rentenbeginn, sondern den **Todeszeitpunkt** abgestellt wird. Darüber hinaus beginnt der Verminderungszeitraum in Fällen, in denen **§ 99 Abs. 2 Satz 2 SGB VI** Anwendung findet, nicht schon ab Rentenbeginn (außer bei einem Tod am ersten Tag eines Monats), sondern erst im **Folgemonat**.

Darüber hinaus kann sich bei Hinterbliebenenrenten der **Zugangsfaktor** in analoger Anwendung zu den Regelungen bei Altersrenten **erhöhen**, wenn der Versicherte frühestens im Kalendermonat verstirbt, der dem Monat folgt, in dem er die Regelaltersgrenze vollendet hat, **ohne eine Altersrente** bezogen zu haben.

2 b iv) ...bei Folgerenten

Rechtsgrundlage: § 77 Abs. 3 SGB VI

Bei Entgeltpunkten, die bereits **Bestandteil einer Rente** waren, bleibt der **bisherige Zugangsfaktor** grundsätzlich maßgebend. Hierbei gibt es jedoch **zwei Ausnahmen**. Zum einen behält bei Renten wegen teilweiser Erwerbsminderung nur **die Hälfte** der erworbenen Entgeltpunkte den alten Zugangsfaktor, da diese Rente aufgrund der Steuerung durch den Rentenartfaktor nur in **halber Höhe einer Vollrente** gezahlt wird.

Darüber hinaus ist bei Erwerbsminderungs- und Erziehungsrenten ebenfalls **nicht der alte Zugangsfaktor** maßgebend, wenn eine solche Rente bezogen wurde und vor der Vollendung des 62. Lebensjahres endet (bei Rentenbeginn vor 2024 entsprechend § 264d SGB VI), da ein Bezug in diesem Zeitraum wie in Abschnitt 2 b ii) beschrieben **nicht als vorzeitige Inanspruchnahme** gilt.

Endet eine Erwerbsminderungs- oder Erziehungsrente **im Verminderungszeitraum** zwischen der **Vollendung des 62. und des 65. Lebensjahres** und eine Altersrente wird **nicht direkt im Anschluss** bezogen, so erhöht sich der bisherige Zugangsfaktor **um 0,003 pro Monat**, in dem **keine Rente** bezogen wurde. Wird in solchen Fällen eine Altersrente **erst ab dem Kalendermonat** beansprucht, der dem Monat nach dem Monat der Vollendung der Regelaltersgrenze folgt, erhöht sich der bisherige Zugangsfaktor ab diesem Zeitpunkt **um 0,005 pro Monat**.

2 c) Zuschlag bei Witwen- und Witwer- sowie Waisenrenten

Die folgenden Seiten behandeln die **Zuschläge an persönlichen Entgeltpunkten** bei Witwen- und Witwerrenten sowie Waisenrenten. Die hier ermittelten persönlichen Entgeltpunkte werden zu den bisher ermittelten persönlichen Entgeltpunkten **hinzuaddiert**.

2 c i) Zuschlag bei Witwen- und Witwerrenten

Rechtsgrundlage: **§§ 78a, 88a, 264c Abs. 2 SGB VI**

Bei Witwen- und Witwerrenten ist **gegebenenfalls ein Zuschlag** an persönlichen Entgeltpunkten zu berücksichtigen. Dieser ergibt sich aus den bei der **Witwe oder dem Witwer** berücksichtigten **Monaten mit Kinderberücksichtigungszeiten** innerhalb der ersten **drei Lebensjahre** des Kindes. Anders als in **§ 57 SGB VI** beginnt im Sinne des § 78a SGB VI die Kinderberücksichtigungszeit erst ab dem **Folgemonat der Geburt**, es sei denn, das Kind ist am Ersten eines Monats geboren. Teilweise belegte Monate mit Kinderberücksichtigungszeiten zählen hierbei als **ganze Monate**. Von den insgesamt bei der Witwe oder dem Witwer vorhandenen Monaten an Kinderberücksichtigungszeiten erhalten die **ersten 36 Kalendermonate** einen Zuschlag von **0,1010 persönlichen Entgeltpunkten**, jeder **weitere Monat** wird mit **0,0505 persönlichen Entgeltpunkten** bewertet. So lange der Rentenartfaktor 1,0 beträgt (siehe Abschnitt 3 des Skriptes), wird jedoch **kein Zuschlag** berücksichtigt.

In den Fällen, in denen ein Kind beim Tod der Mutter oder des Vaters das dritte Lebensjahr **noch nicht vollendet hat**, wird die Zeit bis zur Vollendung des dritten Lebensjahres des Kindes **fiktiv als Berücksichtigungszeit** hinzugerechnet. Stirbt ein Vater vor der Geburt des Kindes, ist es entscheidend, dass das Kind innerhalb **von 300 Tagen nach dem Tod** des Vaters geboren wird. In diesen Fällen wird der Witwenrentenzuschlag vom **Folgemonat der Geburt** an geleistet. Wird ein Kind erst später als 300 Tage **nach dem Tod** des Vaters geboren, kann der Zuschlag hingegen erst ab dem **Monat nach Vollendung des dritten Lebensjahres** des Kindes berücksichtigt werden.

Ein Zuschlag wird jedoch **nicht berücksichtigt**, wenn der Versicherte vor dem **1. Januar 2002 verstarb** oder die Ehe vor **diesem Datum geschlossen** wurde und mindestens ein Ehegatte vor dem **2. Januar 1962 geboren** wurde.

Gegebenenfalls ist der Zuschlag bei der Witwen- oder Witwerrente **zu kürzen**. Dies ist dann der Fall, wenn die Witwen- oder Witwerrente den Monatsbetrag einer **Rente wegen voller Erwerbsminderung** (wenn der Versicherte noch keine Rente wegen Alters bezogen hat) oder der **Altersvollrente des verstorbenen Versicherten** übersteigt. In diesem Fall ist der Zuschlag an persönlichen Entgeltpunkten in **dem Verhältnis zu kürzen**, in dem der Betrag der Witwen- oder Witwerrente den Betrag der Rente wegen voller Erwerbsminderung oder der Altersvollrente **übersteigt**.

2 c ii) Zuschlag bei Waisenrenten

Rechtsgrundlage: **§ 78 SGB VI**

Auch Waisenrenten erhalten **einen Zuschlag an persönlichen Entgeltpunkten**. Hierfür ist es unerheblich, ob es sich dabei um eine **Halbwaisen- oder eine Vollwaisenrente** handelt. Das Prozedere ist hierbei ähnlich wie bei der Ermittlung des Zuschlages bei Witwen- und Witwerrenten. Zunächst ist auch bei den Waisenrenten ein **Zeitraum an Kalendermonaten** zu bilden, der anschließend (bei Halbwaisen- anders als bei Vollwaisenrenten) bewertet wird.

Der maßgebende Zeitraum bei Waisenrenten ergibt sich, indem Kalendermonate mit **sonstigen rentenrechtlichen Zeiten** mit den **Kalendermonaten für Beitragszeiten und Kinderberücksichtigungszeiten** multipliziert und durch den **belegungsfähigen Gesamtzeitraum** dividiert werden. Der sich hieraus ergebende Wert ist **immer aufzurunden**. Anschließend werden zu diesem Wert noch die Anzahl der **Kalendermonate mit Beitragszeiten** hinzuaddiert, sodass sich folgende Formel ergibt:

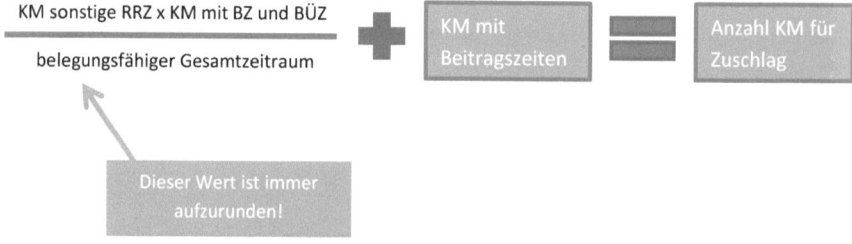

Sobald die Anzahl der Kalendermonate feststeht, lässt sich der Zuschlag an persönlichen Entgeltpunkten ermitteln. Ab hier wird nun auch **zwischen einer Halbwaisen- und einer Vollwaisenrente unterschieden.**

Bei der Halbwaisenrente wird jeder Kalendermonat **mit 0,0833 Entgeltpunkten** bewertet. Anschließend werden in einem weiteren Rechenschritt diese **Entgeltpunkte** mit dem **Zugangsfaktor** (siehe Abschnitt 2 b) des Skriptes) multipliziert.

Für die Ermittlung des Zuschlages bei der Vollwaisenrente sind die ermittelten Kalendermonate für den Versicherten mit den **höchsten persönlichen Entgeltpunkten** zu heranzuziehen. Jeder Kalendermonat wird hierbei **mit 0,075 Entgeltpunkten** bewertet. Anschließend werden diese **Entgeltpunkte** in einem weiteren Rechenschritt mit dem **Zugangsfaktor** des Versicherten mit den höchsten persönlichen Entgeltpunkten multipliziert. Von diesem Ergebnis sind nun nur noch die persönlichen Entgeltpunkte des Versicherten mit den **zweithöchsten persönlichen Entgeltpunkten** zu subtrahieren, damit sich der Zuschlag ergibt. Sollte hierbei ein **negatives Ergebnis** entstehen, wird dieses nicht berücksichtigt.

2 d) Besitzschutz

Rechtsgrundlage: **§ 88 SGB VI**

Wurde einem Versicherten eine Rente gewährt, hat er hierauf einen **Besitzschutz**. Dieser bezieht sich insbesondere auf die **Anzahl der persönlichen Entgeltpunkte** eines Versicherten. Sofern eine Bescheidkorrektur nach §§ 45, 48 SGB X nicht möglich ist, dürfen die persönlichen Entgeltpunkte **nicht reduziert** werden.

Dies gilt – und das regelt § 88 SGB VI – auch dann, wenn eine Rente endet und zu einem späteren Zeitpunkt **erneut beginnt**. Einzige Voraussetzung hierfür ist, dass die neue Rente aus der gleichen Versicherung innerhalb von **24 Kalendermonaten nach Wegfall der alten Rente** beginnt. Dabei ist es unerheblich, ob der Versicherte diese Rente **selber bezieht**. Beispielsweise besteht auch bei einer Umwandlung von einer Versichertenrente in eine Hinterbliebenenrente zumindest Anspruch auf die **bisherigen persönlichen Entgeltpunkte** der Altersrente.

Sofern die **Rücknahme** eines rechtswidrigen begünstigenden Verwaltungsaktes bzw. eine **Aufhebung** eines Bescheides mit Dauerwirkung aufgrund von Änderungen der Verhältnisse nicht mehr möglich ist, dürfen die persönlichen Entgeltpunkte **nicht reduziert** werden. Es ist dann lediglich eine **sogenannte „Aussparung"** möglich. Das bedeutet, dass die Rente so lange nicht mehr an jährlichen Rentenerhöhungen teilnimmt, bis der Zahlbetrag der Rente, die rechtmäßig zu zahlen wäre, den **Zahlbetrag der rechtswidrigen Rente erreicht**.

3. Ermittlung des Rentenartfaktors

Rechtsgrundlage: **§§ 67, 255 SGB VI**

Der Rentenartfaktor ist bei jeder **Rentenart verschieden**. Insgesamt kennt das Gesetz die folgenden **acht** Rentenartfaktoren:

- Renten wegen Alters: 1,0
- Renten wegen teilweiser Erwerbsminderung: 0,5
- Renten wegen voller Erwerbsminderung: 1,0
- Erziehungsrenten: 1,0
- kleinen Witwenrenten und kleinen Witwerrenten bis zum Ende des dritten Kalendermonats nach Ablauf des Monats, in dem der Ehegatte verstorben ist: 1,0
  - anschließend: 0,25
- großen Witwenrenten und großen Witwerrenten bis zum Ende des dritten Kalendermonats nach Ablauf des Monats, in dem der Ehegatte verstorben ist: 1,0
  - anschließend: 0,55
- Halbwaisenrente: 0,1
- Vollwaisenrenten: 0,2

Bei Witwen- und Witwerrenten besteht die Besonderheit, dass der Rentenartfaktor bis zum Ende des **dritten Kalendermonats** nach Ablauf des Monats, in dem der Versicherte verstorben ist, **1,0** beträgt. Das bedeutet, dass immer **die ersten vollen drei Kalendermonate** ab dem Eintritt des Todes (in Fällen des **§ 99 Abs. 2 Satz 2 SGB VI** bereits im Todesmonat) die Witwen- und Witwerrenten einen höheren Zahlbetrag haben.

Des Weiteren beträgt der Rentenartfaktor bei großen Witwen- und Witwerrenten noch **0,6**, wenn der Versicherte vor dem **1. Januar 2002 verstarb** oder die **Ehe vor diesem Zeitpunkt geschlossen** wurde und mindestens ein Ehegatte **vor dem 2. Januar 1962 geboren** ist.

4. Der aktuelle Rentenwert

Rechtsgrundlage: **§ 68 SGB VI**

Der aktuelle Rentenwert steht **nicht im Gesetz** festgeschrieben. In der Regel wird dieser einmal jährlich **durch Verordnung des Bundesarbeitsministeriums** festgesetzt.

Der aktuelle Rentenwert beträgt zum **1. Juli 2017 31,03 Euro**. Er ist die **dynamische Komponente** in der Rentenformel, da die Erhöhung des aktuellen Rentenwertes zeitgleich die monatliche Rentenzahlung erhöht. Alleine aus diesem Grund darf der aktuelle Rentenwert nicht sinken, da dies die Bestandsrenten senken würde und somit **ein Verstoß** gegen § 88 SGB VI sowie Artikel 14 Grundgesetz wäre. Es ist aber möglich, den aktuellen Rentenwert **nicht zu erhöhen**. Das wäre gleichbedeutend mit einer „**Nullrunde**" für die Bestandsrentnerinnen und Bestandsrentner. Diese Situation hat es Anfang der 2000er-Jahre in aufeinanderfolgenden Jahren mehrmals gegeben.

5. Übungsaufgaben mit Lösungen

Auf den folgenden Seiten habe ich für Sie Übungsaufgaben mit Lösungen erstellt. Diese sollen Ihnen dabei helfen, den Einstieg in die Rentenberechnung zu finden und diese nachvollziehen zu können. Hierbei handelt es sich teilweise nur um Mini-Sachverhalte, damit Sie ein Gespür für die Berechnung entwickeln können.

5 a) Übung zur Ermittlung von Entgeltpunkten und Berechnung der Monatsrente

Die am 24. Mai 1952 geborene Vanessa Cremers spricht am 13. Oktober 2017 im Service-Zentrum Mönchengladbach vor und beantragt für sich Regelaltersrente für die Zeit ab dem 1. Dezember 2017.

Vom 1. Januar 1968 bis zum 31. Dezember 1970 ging sie einer versicherungspflichtigen Beschäftigung bei der Firma Moser in Mönchengladbach nach. Dabei handelte es sich um keine Berufsausbildung. Hier erhielt sie die folgenden Entgelte:

01.01.1968 – 31.12.1968: 7.142,- Deutsche Mark

01.01.1969 – 31.12.1969: 8.462,- Deutsche Mark

01.01.1970 – 31.12.1970: 10.134,- Deutsche Mark

Am 24. Juni 1971 heiratete die Versicherte den Schreiner Nikolas Cremers. Aus der Ehe gehen die am 26. August 1981 geborenen Zwillinge Rebecca und Michelle hervor. Die Kindererziehungs- und Kinderberücksichtigungszeiten sind komplett der Versicherten zugeordnet. Zeiten des Mutterschutzes waren nicht anrechenbar.

Am 11. November 2011 wurde die Ehe zwischen Vanessa und Nikolas geschieden. Die Rechtskraft trat am 14. Januar 2012 ein. Im Beschluss des Familiengerichtes Mönchengladbach ist als Beginn der Ehezeit der 1. Juni 1971 ausgewiesen. Ende der Ehezeit ist der 30. September 2010. Vanessa hat einen Malus in Höhe von 1,9992 Entgeltpunkten aus interner Teilung, erhält jedoch 13,8452 Entgeltpunkte durch interne Teilung als Bonus durch ihren Mann Nikolas sowie aus externer Teilung 13.489,- Euro durch die Sun-Pension-Versicherung übertragen.

In der Zeit vom 1. Januar 2014 bis 31. Dezember 2015 ging die Versicherte einer versicherungsfreien, geringfügigen Beschäftigung im Friseursalon ihrer Schwägerin Sarah Teventhal nach. Hier erhielt sie ein monatliches Entgelt in Höhe von 135,- Euro.

Aufgabe: Ermitteln Sie die Monatsrente der Vanessa Cremers zum 1. Dezember 2017.

Umrechnungsfaktoren:	2010: 0,0001570205	**Beitragssätze:**	2014: 18,9 %
	2011: 0,0001660211		2015: 18,7 %
	2012: 0,0001572471		

aktueller Rentenwert: 31,03 Euro

5 a) Lösung zum Sachverhalt Vanessa Cremers

EP aus der versicherungspflichtigen Beschäftigung:

1968: 7142,- DM : 10.842,- DM = 0,6587 EP

1969: 8.462,- DM : 11.839,- DM = 0,7148 EP   **insgesamt: 2,1330 EP**

1970: 10.134,- DM : 13.343,- DM = 0,7595 EP

EP aus Kindererziehungszeiten:

Zwillinge geboren am 26. August 1981:   KEZ vom: 01.09.1981 – 31.08.1985 = 48 KM

BÜZ vom: 26.08.1981 – 25.08.1991 = 121 KM

Berechnung der EP: 48 KM x 0,0833 EP = **3,9984 EP aus KEZ**

EP aus Versorgungsausgleich:

interne Teilung:	*externe Teilung:*
Bonus: 13,8452 EP	Bonus: 13.489,- € x 0,0001570205 = 2,1180 EP
Malus: 1,9992 EP	

insgesamt: 13,8452 EP + 2,1180 EP – 1,9992 EP = 13,9640 EP

EP aus geringfügiger Beschäftigung:

135,- € x 12 KM = 1.620,- €

2014: 1.620,- € : 34514,- € = 0,0469 EP | (0,0469 EP x 15 %) : 18,9 % = 0,0372 EP

2015: 1620,- € : 35.363,- € = 0,0458 EP | (0,0458 EP x 15 %) : 18,7 % = <u>0,0367 EP</u>

0,0739 EP

EP insgesamt: 20,1693 EP

Zugangsfaktor: 1,0 | Ermittlung persönliche Entgeltpunkte: 20,1693 EP x 1,0 = 20,1693 pEP

Berechnung der Rentenhöhe: 20,1693 pEP x 1,0 (Raf) x 31,03 € (aRw) = 625,85 €

5 b) Übung zur Bewertung von Kinderberücksichtigungszeiten

Sachverhalt 1:

Die Versicherte Jutta Bosbach hat am 23. Februar 2002 das Kind Dennis geboren. Vom 1. Juni 2007 bis 31. Dezember 2007 verdiente sie aus einer versicherungspflichtigen Beschäftigung 15.876 Euro. Vom 1. Januar 2008 bis 31. Oktober 2008 betrug das Entgelt 16.198,- Euro.

Sachverhalt 2:

Die Versicherte Astrid Bernert hat am 14. August 1985 die Zwillinge Vanessa und Tanja geboren. Vom 1. Januar 1991 bis 31. Dezember 1994 verdiente sie in einer versicherungspflichtigen Beschäftigung jährlich 19.000,- DM.

Sachverhalt 3:

Die Versicherte Michaela Rath hat am 18. Februar 1983 das Kind Erich und am 12. Januar 1986 das Kind Gereon geboren. Sie erzielte aus einer sozialversicherungspflichtigen Beschäftigung folgende Verdienste:

01.01.1991 – 31.12.1991: 44.421,- DM	01.01.1992 – 31.12.1992: 13.256,- DM
01.01.1993 – 31.12.1993: 14.189,- DM	01.01.1994 – 31.12.1994: 49.142,- DM
01.01.1995 – 31.12.1995: 25.189,- DM	

Aufgabe:

Ermitteln Sie in allen Sachverhalten die Entgeltpunkte nach § 70 Abs. 3a SGB VI.

Hinweis:

Es ist in allen Sachverhalten zu unterstellen, dass die Versicherten 25 Jahre mit rentenrechtlichen Zeiten zurückgelegt haben.

5 b) Lösung der Übung zur Bewertung von Kinderberücksichtigungszeiten

Sachverhalt 1:

2007: 15.876,- € : 29.951,- € = 0,5301 EP

Bst. a) 0,5301 EP : 2 = 0,2651 EP > 0,1946 EP

0,5301 EP + 0,1946 EP = 0,7247 EP > 0,5831 EP

0,1946 EP – 0,1416 EP = 0,0530 EP

2008: 16.198,- € : 30.625,- € = 0,5289 EP

Bst. a) 0,5289 EP : 2 = 0,2645 EP < 0,2780 EP

0,5289 EP + 0,2645 EP = 0,7934 EP < 0,8330 EP

insgesamt: 0,3175 EP

Sachverhalt 2:

Für das Jahr 1991 können keine Entgeltpunkte nach § 70 Abs. 3a SGB VI berücksichtigt werden.

1992: 19.000,- DM : 46.820,- DM = 0,4058 EP

Bst. a) 0,4058 EP : 2 = 0,2029 EP < 0,3336 EP

Bst. b) 0,3336 EP – 0,2029 EP = 0,1307 EP

0,4058 + 0,2029 + 0,1307 = 0,7394 EP < 0,9996 EP

1993: 19.000,- DM : 48.178,- DM = 0,3944 EP

Bst. a) 0,3944 EP : 2 = 0,1972 EP < 0,3336 EP

Bst. b) 0,3336 EP – 0,1972 EP = 0,1364 EP

0,3944 + 0,1972 + 0,1364 = 0,7280 EP < 0,9996 EP

1994: 19.000,- DM : 49.142,- DM = 0,3866 EP

Bst. a) 0,3866 EP : 2 = 0,1933 EP < 0,3336 EP

Bst. b) 0,3336 EP – 0,1933 EP = 0,1403 EP

0,3866 + 0,1933 + 0,1403 = 0,7202 EP < 0,9996 EP

1995:

Bst. b) 0,0278 EP x 8 KM = 0,2224 EP

insgesamt: 1,2232 EP

Sachverhalt 3:

Für das Jahr 1991 können keine Entgeltpunkte nach § 70 Abs. 3a SGB VI berücksichtigt werden.

1992: 13.256,- DM : 46.820,- DM = 0,2831 EP

Bst. a) 0,2831 EP : 2 = 0,1416 EP < 0,3336 EP

Bst. b) 0,3336 EP – 0,1416 EP = 0,1920 EP

0,2831 + 0,1416 + 0,1920 = 0,6167 EP < 0,9996 EP

Für das Jahr 1993 ist das Entgelt zu splitten, da hier die Berücksichtigungszeit für ein Kind endet:

1-2/1993: (14.189 DM x 2) : 12 = 2364,83 DM	**3-12/1993:** 14.189,- DM – 2364,83 DM = 11.824,17 DM
2364,83 DM : 48.178,- DM = 0,0491 EP	11.824,17 DM : 48.178,- DM = 0,2454 EP
Bst. a) 0,0491 EP : 2 = 0,0246 EP < 0,0556 EP	Bst. a) 0,2454 EP : 2 = 0,1227 EP < 0,2780 EP
Bst. b) 0,0556 EP – 0,0246 EP = 0,0310 EP	
0,0491 + 0,0246 + 0,0310 = 0,1047 EP < 0,1666 EP	0,2454 EP + 0,1227 EP = 0,3681 EP < 0,8330 EP

1994: 49.142,- DM : 49.142,- DM = 1,0000 EP | aufgrund § 70 Abs. 3a S. 3 keine EP

1995: 25.189,- DM : 50.665,- DM = 0,4972 EP

Bst. a) 0,4972 EP : 2 = 0,2486 EP < 0,3336 EP

0,4972 EP + 0,2486 EP = 0,7458 EP < 0,9996 EP   **insgesamt: 0,7605 EP**

5 c) Übung zur Gesamtleistungsbewertung

Die Übungen zur Gesamtleistungsbewertung sind gesplittet in Sachverhalte zur Grund- und Vergleichsbewertung sowie zur Bewertung von beitragsfreien und beitragsgeminderten Zeiten.

5 c i) Übung zur Grundbewertung

Sachverhalt 1:

Der am 14. Mai 1955 geborene Terence Spencer bezieht ab 1. Dezember 2017 Altersrente für schwerbehinderte Menschen. In seiner Erwerbsbiografie hat er 21,8796 Entgeltpunkte erlangt. Hinzu kommen 36 Monate mit einer tatsächlichen Berufsausbildung, in der er zusätzliche 1,4589 Entgeltpunkte erwerben konnte. In seinem Versicherungskonto sind 15 Monate mit Anrechnungszeiten wegen Schulausbildung enthalten.

Sachverhalt 2:

Der am 5. April 1952 geborene Bud Hill bezieht seit 1. November 2017 Regelaltersrente. In seiner Erwerbsbiografie hat er 41,7341 Entgeltpunkte erworben. Hiervon stammen 2,4167 Entgeltpunkte aus den ersten 36 Kalendermonaten seiner Erwerbsbiografie, wo er noch unter 25 Jahre alt war. In seinem Versicherungskonto sind 41 Monate mit Zurechnungszeiten und 18 Monate mit Anrechnungszeiten wegen des Besuches einer Fachschule vorgemerkt.

Sachverhalt 3:

Die am 5. April 1953 geborene Ilka Bündchen bezieht ab 1. Dezember 2017 Altersrente für langjährig Versicherte. Bei Rentenfeststellung sind insgesamt 24,8973 Entgeltpunkte vorhanden. Hiervon stammen 2,4167 Entgeltpunkte aus 42 Kalendermonaten tatsächlicher BAB. In ihrem Versicherungskonto sind 14 Monate mit Anrechnungszeiten wegen des Bezuges von Arbeitslosengeld II gespeichert. Am 14. Dezember 1988 gebar sie das Kind Dunja, am 23. August 1993 wurde das Kind Franz geboren. Aus § 70 Abs. 3a SGB VI sind 0,4896 Entgeltpunkte vorhanden.

Aufgabe: Ermitteln Sie in allen Sachverhalten den Wert aus der Grundbewertung.

5 c i) Lösung der Übung zur Grundbewertung

Sachverhalt 1:

Entgeltpunkte aus Beschäftigung und BAB:	21,8796 EP + 1,4589 EP = 23,3385 EP
Zuschlag an Entgeltpunkten aus BAB:	36 KM x 0,0833 EP = 2,9988 EP
	2,9988 EP – 1,4589 EP = 1,5399 EP
Ermittlung der Gesamt-EP:	23,3385 EP + 1,5399 EP = 24,8784 EP
belegungsfähiger Gesamtzeitraum:	14.05.1972 – 30.11.2017: 547 KM
	abzüglich 15 KM AZ: 532 KM
Wert aus Grundbewertung:	24,8784 EP : 532 KM = 0,0468 EP

Sachverhalt 2:

Entgeltpunkte aus Beschäftigung:	41,7341 EP
Zuschlag an EP aus fiktiver BAB:	36 KM x 0,0833 EP = 2,9988 EP
	2,9988 EP – 2,4167 EP = 0,5821 EP
Ermittlung der Gesamt-EP:	41,7341 EP + 0,5821 EP = 42,3162 EP
belegungsfähiger Gesamtzeitraum:	05.04.1969 – 31.10.2017: 583 KM
	abzüglich 41 KM ZZ + 18 KM AZ: 524 KM
Wert aus Grundbewertung:	42,3162 EP : 524 KM = 0,0808 EP

Sachverhalt 3:

Entgeltpunkte insgesamt:	24,8973 EP
Zuschlag an Entgeltpunkten aus BAB:	42 KM x 0,0833 EP = 3,4986 EP
	3,4986 EP – 2,4167 EP = 1,0819 EP
Zuschlag an Entgeltpunkten aus BÜZ:	117 KM x 0,0833 EP = 9,7461 EP
	9,7461 EP – 0,4896 EP = 9,2565 EP
Ermittlung der Gesamt-EP:	24,8973 EP + 1,0819 EP + 9,2565 EP = 35,2357 EP
belegungsfähiger Gesamtzeitraum:	05.04.1970 – 30.11.2017: 572 KM
	abzüglich 14 KM AZ: 558 KM
Wert aus Grundbewertung:	35,2357 EP : 558 KM = 0,0631 EP

5 c ii) Übung zur Vergleichsbewertung

Sachverhalt 1:

Ilona Hafers hat in der Grundbewertung Gesamt-EPs in Höhe von 41,8753 Entgeltpunkten, die sich auf einen belegungsfähigen Gesamtzeitraum von 517 Kalendermonaten verteilen. Sie hat 18 Kalendermonate mit einer Anrechnungszeit wegen Hochschulstudiums belegt, wovon zwei Kalendermonate mit 0,0158 Entgeltpunkten wegen einer zeitgleichen versicherungspflichtigen Beschäftigung bewertet werden. Darüber hinaus hat sie während zwölf Kalendermonaten mit Berücksichtigungszeiten eine Fachschule besucht.

Sachverhalt 2:

Franz-Josef Bremen hat in der Grundbewertung Gesamt-EPs in Höhe von 23,5749 Entgeltpunkten, die sich auf einen belegungsfähigen Gesamtzeitraum von 257 Kalendermonaten verteilen. Er hat 13 Kalendermonate mit einer Anrechnungszeit wegen Schulausbildung belegt, hat 13 Monate mit Ersatzzeiten gespeichert und hat im Todesmonat aus einem Beschäftigungsverhältnis 0,0786 Entgeltpunkte erzielt.

Sachverhalt 3:

Stefan Schröder hat in der Grundbewertung Gesamt-EPs in Höhe von 27,4172 Entgeltpunkten, die sich auf einen belegungsfähigen Gesamtzeitraum von 264 Kalendermonaten verteilen. Er hat 23 Kalendermonate mit einer Anrechnungszeit wegen Schulausbildung belegt, hat 14 Kalendermonate mit einer Anrechnungszeit wegen des Bezuges von Arbeitslosengeld II gespeichert und ist im Todesmonat keiner Beschäftigung nachgegangen.

Aufgabe:

Ermitteln Sie in allen Sachverhalten den Wert aus der Vergleichsbewertung.

Hinweis:

Es ist in den Sachverhalten 2 und 3 zu unterstellen, dass die Voraussetzungen für die Anerkennung einer Zurechnungszeit vorliegen.

5 c ii) Lösung der Übung zur Vergleichsbewertung

Sachverhalt 1:

	Entgeltpunkte	Kalendermonate	Grund
Grundbewertung	41,8753	517	
Abzug	0,0158	2	beitragsgeminderte Zeit
Abzug	0,9996	12	BÜZ mit beitragsfreier Zeit
Vergleichsbewertung	40,8599	503	

40,8599 Entgeltpunkte : 503 Kalendermonate = **0,0812 Entgeltpunkte**

Sachverhalt 2:

	Entgeltpunkte	Kalendermonate	Grund
Grundbewertung	23,5749	257	
Abzug	0,0786	1	beitragsgeminderte Zeit (im Todesmonat)
Vergleichsbewertung	23,4963	256	

23,4963 Entgeltpunkte : 256 Kalendermonate = **0,0918 Entgeltpunkte**

Sachverhalt 3:

	Entgeltpunkte	Kalendermonate	Grund
Grundbewertung	27,4172	264	
Abzug	Es sind keine Zeiten abzugsfähig.		
Vergleichsbewertung	27,4172	264	

27,4172 Entgeltpunkte : 264 Kalendermonate = **0,1039 Entgeltpunkte**

5 c iii) Übung zur Bewertung beitragsfreier und beitragsgeminderter Zeiten

Die am 23. Februar 1954 geborene Chantal Halma spricht am 24. Oktober 2017 im Service-Zentrum Leverkusen vor und beantragt Altersrente für langjährig Versicherte. Sie bittet um Auskunft, ob und in welcher Höhe ihre beitragsfreien Zeiten bewertet werden.

Im Versicherungsverlauf von Chantal Halma befinden sich zehn Monate mit Anrechnungszeiten wegen des Besuches einer allgemeinbildenden Schule, 13 Kalendermonate mit Anrechnungszeiten wegen des Besuchs einer Fachschule, zwei Kalendermonate mit Anrechnungszeiten wegen Mutterschutzes sowie fünf Kalendermonate mit Anrechnungszeiten wegen Arbeitsunfähigkeit, für die die zuständige Krankenkasse die Beiträge alleine getragen hat.

Darüber hinaus befinden sich in ihrem Versicherungskonto beitragsgeminderte Zeiten. In einem Kalendermonat trifft eine Anrechnungszeit wegen Mutterschutzes mit einer Kindererziehungszeit zusammen. Darüber hinaus hat sie in einem Monat, in dem Arbeitsunfähigkeit mit einer Pflichtbeitragszeit zusammenfällt, 0,0254 Entgeltpunkte erworben. In zwei weiteren Monaten mit Anrechnungszeiten wegen Arbeitslosigkeit hat sie aus einer versicherungspflichtigen Beschäftigung 0,1567 Entgeltpunkte erworben.

Außerdem hat sie aus zehn Monaten einer versicherungspflichtigen Beschäftigung neben einer berufsvorbereitenden Bildungsmaßnahme 0,9132 Entgeltpunkte erworben.

Aus der Anlage zum Rentenbescheid ergibt sich ein Wert aus der Grundbewertung in Höhe von 0,0872 Entgeltpunkten. Aus der Vergleichsbewertung gehen 0,0832 Entgeltpunkte hervor.

Aufgabe:

Bewerten Sie die beitragsfreien und beitragsgeminderten Zeiten der Chantal Halma.

5 c iii) Lösung zum Sachverhalt Chantal Halma

Bewertung beitragsfreier Zeiten:

allgemeinbildende Schule	Diese Zeiten werden nicht bewertet.
Anrechnungszeit Mutterschutz	2 KM x 0,0872 EP = 0,1744 EP
Anrechnungszeit Arbeitsunfähigkeit	0,0872 EP x 80 % = 0,0698 EP
	5 KM x 0,0698 EP = 0,3490 EP
Anrechnungszeit Fachschule	0,0872 EP x 75 % = 0,0654 EP > 0,0625 EP
	13 KM x 0,0625 EP = 0,8125 EP

Entgeltpunkte aus beitragsfreien Zeiten insgesamt: **1,3359 Entgeltpunkte**

Bewertung beitragsgeminderter Zeiten:

Anrechnungszeit Mutterschutz	1 KM x 0,0872 EP = 0,0872 EP
	0,0872 EP – 0,0833 EP = 0,0039 EP
Anrechnungszeit Arbeitsunfähigkeit und Arbeitslosigkeit	3 KM x 0,0698 EP = 0,2094 EP
	0,2094 EP – 0,0254 EP – 0,1567 EP = 0,0273 EP
Anrechnungszeit berufsvorbereitende Bildungsmaßnahme	10 KM x 0,0625 EP = 0,6250 EP
	0,6250 EP – 0,9132 EP = – 0,2822 EP

Zuschlag an Entgeltpunkten aus beitragsgeminderten Zeiten insgesamt: **0,0312 EP**

5 d) Übung zum Zugangsfaktor

Sachverhalt 1:

Die am 18. September 1955 geborene Nora Suflitis beantragt für die Zeit ab
1. Dezember 2017 Altersrente für schwerbehinderte Menschen.

Sachverhalt 2:

Der am 13. Dezember 1953 geborene Konrad Hermanns verstarb am
28. Oktober 2017 ohne vorherigen Rentenbezug. Am 24. November 2017 beantragt die
Waise Jennifer Halbwaisenrente.

Sachverhalt 3:

Der am 15. Dezember 1951 geborene Georg Manfred beantragt für die Zeit ab
1. Januar 2018 Regelaltersrente.

Sachverhalt 4:

Der am 18. Januar 1991 geborene Jason Rennings bezieht seit dem 1. November 2017 eine
unbefristete Rente wegen voller Erwerbsminderung.

Sachverhalt 5:

Der am 16. Juni 1953 geborene Theodor Schlösser bezog vom 1. Februar 2015 bis zum
31. Januar 2017 eine volle Erwerbsminderungsrente auf Zeit. Ab dem 1. Dezember 2017
bezieht er Altersrente für langjährig Versicherte.

Aufgabe: Bestimmen Sie in allen Fällen den maßgebenden Zugangsfaktor.

5 d) Lösung der Übung zum Zugangsfaktor

Sachverhalt 1:

Vollendung des 63. Lebensjahres und neun Monate: 17. Juni 2019
Verminderungszeitraum: 01.12.2017 – 30.06.2019: 19 Kalendermonate
Zugangsfaktor: 1 – (19 KM x 0,003) = **0,943**

Sachverhalt 2:

Vollendung des 60. Lebensjahres und elf Monate: 12. November 2014
Vollendung des 63. Lebensjahres und elf Monate: 12. November 2017
Verminderungszeitraum: 01.11.2017 – 30.11.2017: 1 Kalendermonat
Zugangsfaktor: 1 – (1 KM x 0,003) = **0,997**

Sachverhalt 3:

Vollendung des 65. Lebensjahres und fünf Monate: 14. Mai 2017
Erhöhungszeitraum: 01.06.2017 – 31.12.2017: 7 Kalendermonate
Zugangsfaktor: 1 + (7 KM x 0,005) = **1,035**

Sachverhalt 4:

Vollendung des 60. Lebensjahres und elf Monate: 17. Dezember 2051
Vollendung des 63. Lebensjahres und elf Monate: 17. Dezember 2054
Verminderungszeitraum: 01.01.2052 – 31.12.2054: 36 Kalendermonate
Zugangsfaktor: 1 – (36 KM x 0,003) = **0,892**

Sachverhalt 5:

VE 60/9: 15.03.2014   *VE 63/9:* 15.03.2017
Verminderungszeitraum: 01.02.2015 – 31.03.2017: 26 Kalendermonate
Zugangsfaktor EM-Rente: 1 – (26 KM X 0,003) = 0,922
kein Rentenbezug von: 02/2017 – 11/2017: 10 Kalendermonate
Zugangsfaktor Altersrente: 0,922 + (10 KM x 0,003) = **0,952**

5 e) Übung zu Witwen- und Witwer- sowie Waisenrentenzuschlägen

Die am 14. November 1972 geborene Witwe Corinna Haberstroh spricht am 15. November 2017 im Service-Zentrum Düren vor und beantragt für sich und ihre drei Kinder Hinterbliebenenrenten aus der Versicherung des Roger Haberstroh.

Der am 13. April 1971 geborene Dachdecker Roger Haberstroh verstarb am 15. Oktober 2017 in Folge eines Sturzes von einem Dach. Am 14. März 2003 heiratete er seine Ehefrau Corinna, aus deren Ehe am 4. Februar 2010 die Drillinge Pia, Mia und Ria hervorgingen. Die Kindererziehungs- und Kinderberücksichtigungszeiten sind soweit entscheidungsreif komplett der Corinna Haberstroh zugeordnet.

Im Versicherungsverlauf des Roger Haberstrohs sind 316 Monate mit Beitragszeiten, zehn Kalendermonate mit Anrechnungszeiten wegen Schulausbildung und 15 Kalendermonate mit Anrechnungszeiten wegen des Bezuges von Arbeitslosengeld II vorhanden. Des Weiteren sind 187 Kalendermonate mit Zurechnungszeiten belegt. Der belegungsfähige Gesamtzeitraum umfasst insgesamt 329 Kalendermonate.

Ohne Zuschläge nach §§ 78, 78a SGB VI sind im Versicherungskonto von Roger Haberstroh insgesamt 41,8745 persönliche Entgeltpunkte vorhanden. Roger Haberstroh hat noch nie eine Versichertenrente bezogen.

Aufgabe:

Ermitteln Sie die Zuschläge an persönlichen Entgeltpunkten für die Witwenrente und die Waisenrenten.

Hinweis:

Der aktuelle Rentenwert beträgt seit 1. Juli 2017 31,03 Euro.

5 e) Lösung zum Sachverhalt Roger Haberstroh

Zuschlag für Witwenrente:

Prüfung § 78 a Abs. 1 Satz 1:	Es sind drei Kinder vorhanden, deren BÜZ der Hinterbliebenen zugeordnet wurden.
Prüfung § 264c Abs. 2:	Eheschließung ab 1. Januar 2002 ☒ Eintritt des Todes ab 1. Januar 2002 ☒ Beide Ehegatten sind ab dem 2. Januar 1962 geboren ☒
Prüfung § 78a Abs. 1 Satz 2:	BÜZ Pia *04.02.2010: 01.03.2010 – 28.02.2013: 36 KM BÜZ Mia *04.02.2010: 01.03.2010 – 28.02.2013: 36 KM BÜZ Ria *04.02.2010: 01.03.2010 – 28.02.2013: 36 KM

Prüfung § 78a Abs. 1 Satz 3:

$$36 \text{ KM} \times 0{,}1010 \text{ pEP} = 3{,}6360 \text{ pEP}$$
$$72 \text{ KM} \times 0{,}0505 \text{ pEP} = \underline{3{,}6360 \text{ pEP}}$$
$$7{,}2720 \text{ pEP}$$

Prüfung § 78a Abs. 1 Satz 4:	erst nach Ablauf Sterbevierteljahr: 1. Februar 2018
Prüfung § 88a:	Große Witwenrente mit Zuschlag darf Rente wegen voller Erwerbsminderung nicht übersteigen.
Prüfung EM-Rente:	Rentenartfaktor: 1,0 aktueller Rentenwert: 31,03 Euro 41,8745 pEP x 1,0 x 31,03 € = 1299,37 Euro
Prüfung Witwenrente:	41,8745 pEP + 7,2720 pEP = 49,1465 pEP Rentenartfaktor: 0,55 aktueller Rentenwert: 31,03 Euro 49,1465 pEP x 0,55 x 31,03 € = 838,76 Euro

Somit erfolgt keine Kürzung. Der Witwenrentenzuschlag beträgt somit insgesamt **7,2720 persönliche Entgeltpunkte.**

Zuschlag für Waisenrente:

Prüfung § 78 Abs. 1 Satz 2:	Es sind 316 KM mit Beitragszeiten vorhanden.

Prüfung § 78 Abs. 1 Satz 3:

10 KM mit AZ wegen Schulausbildung

15 KM mit AZ wegen des Bezuges von ALG II

187 KM mit Zurechnungszeiten

212 KM mit sonstigen rentenrechtlichen Zeiten

329 KM belegungsfähiger Gesamtzeitraum

(212 KM x 316 KM) : 329 KM = 203,62 KM ~ 204 KM

204 KM + 316 KM = 520 KM

Prüfung § 78 Abs. 2: 520 KM x 0,0833 EP = 43,3160 EP

Prüfung § 78 Abs. 1 Satz 1: Zugangsfaktor: 0,892 (VZ: 01.04.2032 – 31.03.2035)

43,3160 EP x 0,892 = 38,6379 pEP

Der Zuschlag der Halbwaisenrenten beträgt **38,6379 persönliche Entgeltpunkte.**

BEI GRIN MACHT SICH IHR WISSEN BEZAHLT

- Wir veröffentlichen Ihre Hausarbeit,
  Bachelor- und Masterarbeit

- Ihr eigenes eBook und Buch -
  weltweit in allen wichtigen Shops

- Verdienen Sie an jedem Verkauf

Jetzt bei www.GRIN.com hochladen und kostenlos publizieren